AF290611

Antje Stehn

Grotesk!

Gedichte

Verlag Expeditionen

Antje Stehn

Grottesco!

Poesie

Verlag Expeditionen

©Verlag Expeditionen, 2022
Antje Stehn
Grotesk!
Gedichte

Umschlaggestaltung Birgitta Sjöblom
Umschlagfoto Antje Stehn
Argilla Azzurra, Mischtechnik auf Papier

Redaktion des deutschen Textes
Emina Čabaravdić-Kamber und Gino Leineweber
Buchsatz Gino Leineweber

Printed in Germany
ISBN 978-3-947911-67-7

©Verlag Expeditionen, 2022
Antje Stehn
Grottesco!
Poesie

Design della copertina Birgitta Sjöblom
Foto di copertina Antje Stehn
Argilla Azzurra,Tecnica mista su carta

Composizione tipografica Gino Leineweber

Printed in Germany
ISBN 978-3-947911-67-7

DANKSAGUNGEN

Für dieses Buch erhielt ich wertvolle Unterstützung, für die ich mich hier bedanken möchte. Besonders danke ich Oscar Brontesi, Emina Čabaravdić-Kamber, Tiziana Colusso, Francesco Correggio, Guido Oldani und Gino Leineweber.

Ringraziamenti

Ho ricevuto un sostegno prezioso per questo libro, per il quale vorrei esprimere la mia gratitudine qui. Vorrei ringraziare in particolare Francesco Correggio, Oscar Brontesi, Tiziana Colusso, Gino Leineweber, Guido Oldani e Emina Čabaravdić-Kamber.

GROTESK!

GEDICHTE

Grottesco!

Poesie

INHALT

CONTENUTO

Vorwort

Grotesk! Das ist ein Ausruf, den wir in der Covid-Epoche oft benutzt haben. Der Begriff stammt ursprünglich aus dem Kunstbereich. Er kommt vom italienischen grottesco, grotta, was Höhle bedeutet. Pietro Luzzi, ein Maler des ausgehenden 15. Jahrhunderts, gilt als Entdecker der antiken Grotesken, den ausufernden pompejanischen Wandmalereien, die er im verschütteten Goldenen Haus Neros (Domus Aurea) in Rom fand. Seine Aufzeichnungen aus der Unterwelt wurden von seinen zeitgenössischen Künstlerkollegen begeistert übernommen. Dafür gibt es in den Loggien Raffaels und in der Sixtinischen Kapelle Michelangelos bedeutende Beispiele. Seitdem taucht das Groteske als ahistorisches Stilmittel immer wieder auf.

Die Doppelheit, Hybridität und Metamorphose sind seine Hauptmerkmale. Nach Rémi Astruc funktioniert das Groteske, jenseits des aktuellen Verständnisses als ästhetische Kategorie als existenzielle Grunderfahrung. Ein entscheidendes und potenziell universelles

Grottesco! Questa è un'esclamazione che abbiamo usato molto nell'era del Covid. Il termine deriva dall'arte. Pietro Luzzi, pittore della fine del XV secolo, è considerato lo scopritore delle grottesche antiche, le pitture murali pompeiane che trovò nella sepolta Domus Aurea di Nerone a Roma.

I suoi disegni del mondo sotterraneo sono stati accolti con entusiasmo dai suoi colleghi contemporanei.

Ne abbiamo esempi significativi nelle logge di Raffaello e nella Cappella Sistina di Michelangelo. Da allora, il grottesco è apparso più e più volte come un dispositivo stilistico astorico.

La dualità, l'ibrido e la metamorfosi sono le sue caratteristiche principali. Secondo Rémi Astruc, il grottesco funziona al di là della categoria estetica anche come un'esperienza esistenziale di base.

Uno strumento cruciale e potenzialmente universale per esprimere cambiamenti e trasformazioni nelle società.

Instrument, um Veränderungen und Wandel von Gesellschaften zum Ausdruck zu bringen.

In diesem Gedichtband geht es nicht nur um die Schwelle zwischen Menschlichem, Tierischem und Pflanzlichem, die in dem Begriff von Zoonose-Spillover eine frappante Aktualität erlangt hat, sondern auch um die persönliche Hybridität und Metamorphose nach einem Schockzustand. Aus der Lähmung heraus, zurück zur Kreativität und im Wartezustand den Überblick finden.

Hacken und Manschen, Trennung oder Mischmasch. Die Gedichte kreisen dabei um Ordnung und Chaos.

Antje Stehn
Januar 2022

14

Questo volume di poesie non parla solo della soglia tra umano, animale e vegetale, divenuta d'attualità nel termine spillover della zoonosi, ma anche dell'ibridazione personale e della metamorfosi dopo uno stato di shock. Le poesie ruotano attorno all'ordine e al caos, che sono assegnati alle attività di tritare e mescolare. Separazione o unione, punti Ben-Day o l'impasto?

Antje Stehn
Gennaio 2022

Antjes Lyrik zu lesen ist wie eine Reise, bei der die Ereignisse pausenlos aufeinander folgen. Es fällt schwer, anzuhalten. Die Zeilen laufen schnell und man liest sie in einem Atemzug. Wie in einer Straßenbahn sitzend, sehen wir die Welt draußen vorbeiziehen. Wir entdecken, dass diese Welt auch unsere eigene sein kann. Unvermittelt sehen wir, dass es sich nicht nur um rhythmische Gedichte handelt, sondern um visuelle Universen. Worte, die nicht sprechen, sondern erzählen. Wir begegnen den Dingen der Welt, die sich mit dem Dasein, seinen Verstrickungen und alltäglichen Zufälligkeiten überschneiden. In dem Vers *Um die Stille der Gräten nicht zu hören*, finden wir den visuellen Bezug auf ein Stillleben von De Pisis. *Datenverkehr und Be my little quarantine* dagegen geben den Eindruck, als wären sie direkt in einer von Antjes Poetic-Performances gesprochen, Körper und poetische Sprache werden eins. Sie stellen sich dar.

L'UNIVERSO DI ANTJE STEHN

Leggere i versi di Antje è come fare un viaggio dove gli accadimenti si susseguano senza pausa. Difficile fermarsi. È come stare in un tram su una rotaia dove vediamo scorrere il mondo di fuori. Si potrebbe dire che i versi di Antje corrono veloci e si leggono tutti di un fiato. Al contempo scopriamo che quel mondo può essere anche il nostro. Scopriamo all'improvviso che non sono solo poesie ritmate da una metrica ma universi visivi, parole non dette ma parlate. Incrociamo le cose del mondo che a loro volta s'incrociano con l'esistenza e i suoi incastri, con le contingenze di tutti i giorni. *Per non sentire il silenzio delle spine di pesce* è un verso che rimanda visivamente ad una natura morta di De Pisis. *Traffico dati,* e Be *my little quarantine* sono alcune di queste poesie che sembrano pronunciate direttamente da Antje in una delle sue performance. Corpo e linguaggio poetico si fanno tutt'uno.

Antjes Lyrik scheint ihren Status zu verleugnen, sie präsentiert sich als nächtliches Schauspiel. Einer Erzählung mit dramatischen und bisweilen grotesken Zügen.

Ein anderes ihrer Gedichte mit dem Titel *Merzbau* ist eine Reminiszenz an die moderne Kunst. Es bezieht sich auf die raumfüllende Installation Kurt Schwitters, die dessen Wohnung vollständig einnahm, sie aber nie verlassen konnte. Das Groteske hat sich dabei in die Kunst eingeschlichen. Das wichtigste Werk seines Lebens wurde bei einem Bombenangriff zerstört.

Die Pandemie schwebt über allem, verstellt jedoch nicht die Sicht. Antje erinnert uns daran, in der Alltagswelt anzuhalten und sie zu transzendieren. Die Reise geht weiter mit *Komorebi*, einem japanischen Wort. Es bezieht sich auf das Spiel des durch Bäume gefilterten Sonnenlichts. Das Visuelle wird zur Poesie. Auch in dem *Versprechen der Pappelsamen* fließen die Zeilen schnell. Ohne Unterbrechung. In einer Kette von Bedeutungen und Referenzen.

Sono concepiti per essere esposti. Sì, perché le poesie di Antje sembrano negare il proprio statuto e proporsi come una recita notturna, un racconto con tinte drammatiche e a volte grottesche.

Un'altra delle sue poesie dal titolo *Merzbau* è una reminiscenza dell'arte moderna che rimanda alla grande installazione di Kurt Schwitters la quale non poteva uscire dal suo studio. Paradosso del grottesco che si insinua nell'arte. L'opera della sua vita, la più importante, viene distrutta durante un bombardamento.

La pandemia aleggia sul tutto ma non ottenebra la vista e lo sguardo che si fermano sul mondo quotidiano e al contempo lo trascendono, sembra ricordarci Antje.

Il viaggio prosegue con *Komorebi* parola giapponese per indicare la luce del sole che filtra attraverso gli alberi. Il visivo diviene poesia. *La promessa dei semi di pioppo* non rallenta i suoi versi che scorrono veloci ininterrotti da una catena di significati, di rimandi.

Dieses Universum von Klangversen finden wir auch in *Die schwäbische Hausfrau ... Geben und nicht fordern bis zum Sankt-Nimmerleins-Tag.*

Antje zeigt uns, was jenseits oder diesseits unseres Universums aus Symbolen, Positionen und Stereotypen liegt. Die Einzigartigkeit dieser Verse besteht gerade darin, performend worden zu sein und sich nie in den Rhythmus von Konventionen und Stereotypen einzupendeln, sondern die Grenze zwischen uns und den Dingen und pflanzlichen sowie tierischen Wesen am Rande der Existenz selbst zu überschreiten. Am Anfang des Buches kommt man fast außer Atem. Wir können uns nicht losreißen. Am Ende dagegen führt Antje uns in die Ebene. Das Tempo wird langsamer. Wir atmen ruhiger. Die letzten beiden Gedichte *Die O-Klasse* und *Mein Glück*, lassen uns zufrieden in ihrer Welt verweilen.

Francesco Correggia
Februar 2022

Ancora *La casalinga sveva* si materializza da questo universo di versi sonori ... *Dare e non pretendere fino alla fine dei nostri giorni* conclude la poesia.

Sembra che Antje ci voglia raccontare qualcosa che sta al di là e al di qua di quell'universo fatto di simboli, di denunce e prese di posizioni. La singolarità di questi versi consiste proprio nell'essere performanti, nel non adagiarsi mai nella cadenza di convenzioni e stereotipi ma di solcare una linea di confine fra noi e le cose, gli esseri vegetali e animali ai margini della stessa esistenza. Quando inizia la lettura è come se fossimo in affanno ma non riusciamo a staccarci poi Antje ci conduce verso la fine, ci porta nella pianura, il ritmo rallenta, respiriamo con calma.

In *La classe degli O* e *La fortuna, le* ultime due poesie, sostiamo appagati nell'univers mondo di Antje.

Francesco Correggia
Febbraio 2022

Ipsa Pictura, quasi Scriptura

Dieses Zitat „Das Bild selbst ist wie das Schreiben" stammt aus dem Almanach von Gregor Magno. Wer die Biografie von Antje Stehn kennt, weiß, dass die Autorin als bildende Künstlerin geboren wurde. Das liegt genau in der Dimension von Ipsa Scriptura, wobei die künstlerische Visualität in ihrer expressiven und ikonischen Verzweigung kaum von dem Zwilling, den Texten, zu unterscheiden ist. Hier also verschiebt Antje Stehn ihre künstlerische Kompetenz allmählich und selbstverständlich in Richtung des Verses und der poetischen Produktion. Es ist daher nicht verwunderlich, dass ihre künstlerische Persönlichkeit dieses doppelte Gesicht trägt. Hier beginnt die schizophrene und synthetische Dialektik der beiden Seiten. Sie reduziert ihre Verse auf das Wesentliche, zeichnet klar nach, was wir bereits auf der Leinwand mit der Palette oder im Volumen der festen Materialien gesehen haben.

così andava almanaccando il grande quanto antico Gregorio Magno. Chi si sia imbattuto nella biografia di Antje Stehn, sa che l'autrice nasce come artista visuale. Cioè proprio nella dimensione della Ipsa Scriptura. Senonché la visualità artistica, nella sua ramificazione espressiva ed iconica, è quasi indistinguibile dalla gemella in cui va a versarsi ed identificarsi, vale a dire appunto la scrittura. Ecco allora che Antje Stehn in via progressiva e naturale, fa slittare la propria competenza artistica, fino a contemperarle, appunto nella direzione del verso dell'opificio poetico. Non sorprende pertanto di incontrare la sua personalità artistica, che diviene un double face. Qui incomincia la dialettica, schizofrenica e sintetica, dei due versanti propositivi. Non stupisce quindi se il suo verso sarà essenziale e tracciato di netto, come già le abbiamo visto fare sulla tela con la tavolozza o nel volume con i materiali solidi.

Während eines ihrer produktiven Momente näherte Antje Stehn sich dem *Realismus Terminale*. Auch dies ist Teil der Verzahnung ihrer Erzählung, die uns wie ein Uhrturm aus der Renaissance bei jedem Stundenschlag, das gesamte mathematische, mechanische, ästhetische und libertäre Schachbrett zeigt.

Interessant wird es sein, Antjes Weg durch den dichten Schwarzwald zu folgen, ihre nächsten Schritte im Auf- und/oder Abstieg ihrer Werke zu sehen. Wie wir *Realisten Terminale,* hat sie verstanden, dass sich der bildliche Vergleich der Lyrik von der Natur zunehmend auf die Objekte des universellen Konsums verlagert.

Guido Oldani
Gründer des Realismo Terminale

Che Antje Stehn abbia dialogato per un suo periodo fecondo con il mio Realismo Terminale, non può che essere parte dei ruotismi della sua narrazione. Come quegli orologi rinascimentali che, una volta sentita battere l'ora sonoramente, possono anche mostrarci tutta la scacchiera matematico, meccanica ed estetica e libertaria del risultato conseguito. Sarà interessante seguirla nella fitta foresta nera del suo percorso, per vederne i gradini successivi di salita e/o discesa negli esiti. Questo, sapendola capace di cogliere, come noi Realisti Terminali diciamo, che la natura trova sempre di più il suo termine di paragone negli oggetti dell'universale mercato.

Guido Oldani
Fondatore del Realismo Terminal

GEDICHTE

POESIE

PARAVATI

Ungezügeltes Wachstum
Folge des Wagemuts
Auf höchsten Enthemmungsgrad gestemmt
Das Imaginäre übersteigt das Verstehen

Nachts
Im wehrlosen Schwebegang
Löst sich deine verbrauchte Haut
  vom Körper.
Kratze sie zusammen

Bringe sie der Göttin!

Sie wird den abgeriebenen Schorf
Dreck und Schweiß
Mit ihrem eigenen Blut mischen
Wird daraus ihren Sohn modellieren
Er wird als begnadeter Tänzer gelten

PARAVATI

La crescita sfrenata
conseguenza di tutta questa audacia
è portata   al massimo grado di disinibizione
dove l'immaginario trascende la compren-
sione

di notte
nel limbo indifeso
scaglie di pelle cadono dal corpo
racimoliamole

portiamole alla dea!

mescolerà la crosta sfoglia
la polvere, il sudore
con il proprio sangue
e con l'impasto modellerà un figlio
che sarà considerato un grande ballerino

Diese Verrenkungen
Für einen einzigen Satz
Feinstes Zusammenspiel
Zunge, Lippen, Wangen, Kiefer
Mit geöffnetem Mund
Dastehen
Regungslos auf etwas zeigen

Jemand fleht anzuhalten
Aber ganz ganz leise

Quante contorsioni
per una sola frase
interazioni perfette
di lingua, labbra
guance, mascella
Qualcuno sta in piedi
la bocca aperta
immobile indica qualcosa
implora:
fermate tutto questo
la voce appena
un susurro

Italienischer Lockdown
Über Nacht schrill
Das Schließen der Reißverschlüsse
Unserer Wohnungen

Ohne ein Auge für
Die kleinen Zähne
So leicht verbiegbar
Da geht schnell was kaputt

Ich taumle vom Tisch zum Fenster
Farben und Formen zerfließen
Ins Bodenlose
Wie damals

Bei der Ankunft im verstaubten Indien
In der Tagesglut
Müllfressende Kühe
Menschen im Schlamm

Flehende Hände strecken sich mir entgegen
Stummer Wunsch
Ungesehen vorbeizugehen
Aber meine Seele klebt am Staub

Durante la notte le cerniere
lampo stridono
i piccoli denti così facili
da piegare e rompere
ci sigillano
nei nostri appartamenti

Incespico andando
dal tavolo alla finestra
colori e forme
si dissolvono
sullo sfondo

Come allora in India
nel bagliore del primo giorno
le mucche mangiano
spazzatura e c'é gente
nel fango

Mani supplicanti
si allungano verso di me
muto il desiderio di diventare invisibile
ma la mia anima rimane
attaccata alla polvere

Tiefgreifend erkennend
Ein unbedeutender Statist
In einem Film
Zu sein

Sopraffatta nello scoprire
di essere solo una comparsa
insignificante in un film
incomprensibile

Grotesk
Dieses Aufeinandertreffen
Von Vertrautem und Ungewohntem

Statt starker Säulen
Schwache Strohhalme
Giebel mit durchlöcherten Fassaden

Aus meinem Körper sprießen
Stängel Ranken
Tierköpfe

Man wird mich anstarren

Ein Hybrid?

Ist das möglich
Ist das möglich

È grottesco
questo duro scontro
tra familiare e bizzarro

al posto dei pilastri,
fragili cannucce
il mio capo è una rete perforata

sul crinale del mio corpo
gambi sottili e viticci,
figure con teste di animali

La gente mi guarderà
Con la paura negli occhi

un ibrido?

Esistono cose del genere?
Esistono cose del genere?

Keine Zwangsvorstellung
Vorübergehende Realität
Vollkommene Stille
wo sonst Lachen Satzfetzen
Hupen aufheulende Motoren

Vereinzelte Menschen maskiert
mit gesenktem Blick geduckt
Die eigene Geschichte begrenzt
Auf zweihundert Metern

Es gelten nur lebenswichtige Argumente
Auf Zettel notiert unterschrieben
Unbegreiflich das erniedrigende Gefühl
Von Durchsichtigkeit

Zu meinem Wesen gehört Unrast
Bewegungstrieb lässt mich zum
    Supermarkt laufen
Vor der Schlange kapitulieren
Zum nächsten rennen

Nessuna ossessione
ma realtà temporanea
Silenzio completo
dove prima c'erano risate,
frammenti di frasi
claxon e motori ululanti

Persone isolate mascherate,
gli occhi abbassati
affondano nei capotti,
la loro storia così limitata
nel raggio di duecento metri

Valgono solo argomenti vitali
sottoscritta su un pezzo di carta
la sensazione umiliante
di trasparenza

L'irrequietezza e
la voglia di muovermi
fanno parte del mio carattere
corro al supermercato
arrendendomi davanti
alla coda

Vorbei an verwilderten Gärten der Stadt
Zwischen kontrollierenden Polizisten.

Das ist Schummeln!

corro al prossimo
passando per i giardini incolti della città
tra gli agenti di polizia

Questo è barare!

Zebroide
Es gibt sie
Vorne Pferd hinten Zebra
Weder das eine noch das andere

Wie der Meeressaum
Von Wasser und Sand

Hinter dicken Mauern
Eines alten Klosters
Ruht mit Sonne und Mond bekleidet
Die Mutter Gottes
Im tiefen Schlaf
Weder tot noch lebendig

Wie in der Poesie

Nach langer Suche
Treffen sich die Linien
Augenblick und Ewigkeit
In einem einzigen Punkt

Esistono gli zebralli
meta cavallo meta zebra
né uno né l 'altro
come il bagnasciuga
tra il mare e la spiaggia

dietro le mura geometriche
di un antico convento
riposa la madre di Dio
vestita di sole e luna
dorme un sonno profondo
eterno
né morta né viva

è così la vita nella poesia:
l'intersezione
di due linee
istante e eternità
che dopo aver fatto
il giro del mondo
si incrociano di nuovo
in un unico punto.

DOMUS AUREA

Man wollte den Diktator vergessen
Das Blut unter seinen Fingernägeln
Die Ermordung der eigenen Mutter

Der Palast Beleg des Wahnsinns
Ausgebrannt zugeschaufelt
Überbaut

Jahrhunderte später kamen Künstler
Suchen Metamorphosen
Seilten sich in dunkle
Gänge der Grotte hinab

Spillover als existentielle
Erfahrung oder
Alltägliches Ereignis?

.

DOMUS AUREA

Si voleva dimenticare il dittatore
il sangue sotto le sue unghie
l'omicidio della sua stessa madre

il palazzo a prova della sua follia
bruciato, seppellito, sovra costruito

secoli dopo, arrivarono gli artisti
cercavano le metamorfosi
si calarono in corda doppia
negli scuri corridoi della grotta

spillover un'esperienza esistenziale
oppure
evento quotidiano?

Schwimmende Städte
Als Verteilerexpress
Schippern wie Enten
In der Badewanne
Kreuz-Irrfahrten
Narrenschiffe
Ohne Anlegeerlaubnis

Le città galleggianti
corriere di distribuzione
navigano
come paperelle
nella vasca da bagno
crociera Odissea
battelli dei folli
senza approdo

Als würden wir Mikado spielen
Alles verhakt ohne freie Stäbe
Beim Herausziehen
Nur Zitterwackel

In questo complicato
gioco di Shanghai
nessuno riesce a fare
una mossa
senza toccarlo

Verharren als Existenzform
Da funktionieren nur noch
Fein getrennte Benday Dots
Unverschobene Tischdecken
Geschlossene Schranktüren
Brotteig wie Zement mischen
Verputzen und warten
Auf den Lähmungszustand

Persistenza come forma di esistenza
a quel punto funzionano solo
i Benday dots
finemente separati
tovaglie imbalsamate
le ante dell'armadio
ermeticamente chiuse
Impastare il pane
come il cemento
intonacare e aspettare
la paralisi

Eine Zitrone
Aufschneiden
Ausquetschen
Ausschaben
Bis zur weißen inneren Haut
Samtig zart
Vom Fruchtfleisch getrennt
Ist am Abend
Vertrocknet

Tagliare un limone
spremerlo
raschiarlo fino
alla pelle bianca
morbida vellutata
senza polpa intorno
Di sera anche lui
prosciugato

Körper verbrauchen sich
An verschiedenen Stellen
Zu unterschiedlichen Zeiten
Zuerst die Zähne
Dann das Herz
Später das Verschrumpeln
Übereifriges Vertrocknen
Verbrauchter Teebeutel
Ein Mensch
Im Papier
Versiegelt

Il corpo si sta consumando
nelle sue diverse parti
in tempi diversi
prima i denti
poi il cuore
alla fine raggrinziamo
come bustine di tè usate
una vita
sigillata
nella carta

Lichtkerben
Fallen durch zugeknöpfte Fensterläden
Wie Silberfische aus Büchern
Säuberlich geschrubbt hockt
Das Leben am Boden
Sammelt Krümel auf
Im Halbdunkel tanzen Staubkörner
Samen urzeitlicher Atome
Werden sich auf den Fliesen
Absetzen

Segnali di luce
cadono attraverso persiane abbottonate
come pesciolini d'argento dai libri
Accovacciata sul pavimento
accuratamente lavato
la vita raccoglie le sue briciole
Granelli di polvere danzano nella penombra
semi di atomi primordiali
anche loro si poseranno
sulle piastrelle

The Social Dilemma
Kein Algorithmus kontrolliert diejenigen
Die im Untergrund arbeiten
Langsam und beständig
Kaum beachtet in der Muttererde
Gänge aus kontinuierlichen
    Ausscheidungen geformt
Langeweile mit Domaminschüssen
    weggeputscht

Unser Gehirn eine Art Olympus
Ewig suchend nach Identität
Über Millionen von Jahren
Entwickelte Sensibilitäten
Ein berechenbares Modell:
Was du magst
Wie sehr du es magst
Was du mögen wirst
Der Regenwurm
Weiß es bereits

The Social Dilemma
nessuna macchina algoritmica controlla
chi lavora nel sottosuolo
lentamente con costanza
dentro la terra, poco considerato
con passaggi fatti di continue deiezioni
e la noia annullata a colpi di dopamina

il cervello una specie di Olimpo
con infinite divinità
in cerca d'indentità
la vulnerabilità
sviluppata in milioni di anni
un modello predittivo
cosa ti piace
quanto ti piace
e cosa ti piacerà
il lombrico lo sa già

BODHI BODHI

Gegensätze
Ausdruck ein und derselben Sache?
Leicht trennbar aber doch eins?
Unter einem Feigenbaum
Über den Ursprung des Schmerzes
    meditieren
Im mittleren Alter Erleuchtung erlangen
Mit achtzig an einer vergifteten
    Pilzsuppe sterben
Dafür ist Sitzfleisch nötig
Ich bin eher eine Schraube
Mit wendelartigem Gewinde
Auf der Suche nach einer Flügelmutter
Für das Wunder:
Die um sich selbst kreisende Bewegung
In eine aufsteigende verwandeln
Zukunftspläne Fantasien Imaginäres
In einer abschraubbaren Verbindung

BODHI BODHI

Gli opposti
espressione della stessa cosa?
Facilmente separabile ma una?
Meditare sotto un fico,
sulla fonte del dolore,
raggiungere l'illuminazione
arrivati alla mezza età,
morire avvelenata
da una zuppa di funghi
a ottant'anni
ciò richiede molta pazienza
Io assomiglio piuttosto ad un bullone
organo filettato di libero scorrimento
alla ricerca del dado
per il miracolo:
il moto rotatorio si trasforma
in quello lineare
progetti, fantasticherie, immaginario
dentro un accoppiamento
smontabile

Dieser ewige Zwist
Zwischen der glatten
Oberfläche des Sees
Und dem sprudelnden Bach
Überreizt um sich spuckend
Vereinnahmt auch er
Das Unvergängliche für sich

Questa lotta eterna
tra la superficie
liscia del lago
e il ruscello gorgogliante
sovra stimolato
spruzza in giro
Anche lui pretende
l'immortalità
per se stesso

Angst stinkt nach
Verbrannten Bremsbelegen
Kriecht die Atemwege hinunter
Verschleimt die Bronchien
Erzwingt überlanges
Freihusten
Sucht Halt am Schrank
Ungewiss wie das Initialgeblitze
Einer Neonröhre –
Der erste klare
Atemzug
Kalte Erleuchtung

Le paure puzzano
come i cuscinetti
bruciati dei freni
strisciano lungo
le vie aeree
creano muco
nei bronchi
costringono a tossire
Cerco una presa sull'armadio
incerta come il lampo
iniziale di un tubo al neon -
Il primo chiaro respiro
fredda illuminazione

FRÜHSTÜCK IM DORF

Kopf an Kopf
Schlürfen sie das flüssige Eigelb
Aus der Schale
Markante Vorgänge im Gespräch
Die Neuankömmlinge im Dorf
Kaufen die Häuser der Verstorbenen
Kernen die Räume aus
Begradigen Wände
Tilgen Spuren

Im Morgentau auf der Wiese
Ein samtener Maulwurf
Die Schaufelhändchen weit von
    sich gestreckt
Goldgrüne Fliegen
Bohren sich ihren Weg
In seine Schenkelfalten

COLAZIONE NEL VILLAGGIO

Testa a testa
risucchiano il tuorlo
d'uovo liquido dal guscio
parlando di accadimenti
significativi
I nuovi arrivati nel villaggio
comprano le case dei defunti
svuotano le stanze
raddrizzano le pareti
eliminano tutte le tracce
del passato
Nella rugiada mattutina
una talpa vellutata sul prato
le manine a pala aperte
lontane dal corpo
mosche verdi dorate
si infilano nelle pieghe
delle sue cosce.

Vor Jahren
In eine französische Stadt gereist
Den fehlenden Teil
Meiner inneren Struktur zu finden.
Beim Anblick der Glasfensterkunst
Der berühmten Kirche
Vibrierende Verwirrung
Das stark leuchtende Blau
War nicht mehr als
Hintergrundfarbe erfassbar
Drängte wie ein Rot
In den Raum
Was ich bisher getan
Geleistet hatte
Löste sich auf
War dies die
Bruchkante?

Anni fa
ho viaggiato in una città francese
per trovare la parte mancante
della mia struttura interiore
Alla vista delle vetrate colorate
della famosa chiesa
solo vibrante confusione
Il blu brillante
non era più rilevabile
come colore di fondo
e si spingeva come un rosso
nello spazio
Tutto quello che avevo fatto fino
a quel momento
tutto quello che avevo compiuto
si dissolveva
Era quella la mia
linea di rottura?

Mein Flutlicht
umreißt zerreißt entreißt
die Sehnsucht
nach Inruhegelassenwerden
eine leere Straßenbahn
in leeren Straßen
schleift greller in die Gleiskurve
schälen schneiden hacken
Teppiche mit Wein einfärben
Zur Übersicht des Weltwesens gelangen
Wie Goethe es nannte

I miei riflettori
contornano, strappano
distruggono
rimane il desiderio
di essere lasciata sola
Un tram vuoto
nelle strade vuote
strilla più acuto
sulla curva dei binari
sbucciare, tagliare, tritare
colorare i tappeti con il vino
tornare a ciò che Goethe chiamava
la visione dell'essenza del mondo

Jeder Türgriff
Fahrstuhlknopf
Die Milchtüte im Supermarkt
Tasten des Kartenlesegeräts
Angst
Die kein Händeschrubben
Wegwäscht

Ogni maniglia di porta
ogni pulsante nell'ascensore
il cartone del latte al supermercato
i tasti del lettore del bancomat
paura che nessuna
disinfezione
lava via

Und immer wieder
Dieser Moment der größten Nähe
Plötzlich ins Fremde verwandelt
Ameisen häufeln Sand auf den Küchenboden
Als spielten sie Domino
Ein Stein passt zum nächsten –
Es ist ihre Art sich zu entgrenzen

E ancora succede
che il momento di massima vicinanza
improvvisamente si trasformi in
estraniamento
Le formiche pongono la sabbia
sul pavimento della cucina
come se stessero giocando
a domino.
un granello segue l'altro
è il loro modo di
delimitare lo spazio

Die Dichternarzissen
Wanderten
Über Staatsgrenzen
Durch die Gipfel der Pyrenäen bis
Zum Schwarzen Meer.
Frisch gepflückt
Trinken sie ihr Wasser aus einer
Whiskyflasche
Im langen Hals eng aneinander
Geklammert
In bestärkender
Umarmung

I narcisi dei poeti.
superarono i confini di Stato
attraversarono le vette dei Pirenei
fino al Mar Nero.
Ora appena raccolti
bevono l'acqua da una
bottiglia di whisky
nel collo lungo
i loro corpi
si stringono
in un confortante
abbraccio.

Wer sieht schon den stummen Tod
Der Fliegen
Rücklings auf dem Sims
Erleuchteter Fenster
Wie Puppenstuben?
Sehnsuchtsorte der Geborgenheit
In denen man abends ißt
Sich auf dem Sofa ausstreckt
Den prasselnden Regen
Auf den Fensterscheiben hört

Orte hinter der Grenze
Mit Sachbearbeitern
Für Flüchtende
Sich ihr nähern
Ohne sie je zu überschreiten
Auf verharztem Schnee
Klamm gefroren
In Zelten
Flügel heruntergefaltet
Hoffen
Hoffen
Verlieren

Chi vede la morte silenziosa
delle mosche
a zampe in su sopra i davanzali
di finestre illuminate,
come nelle case
delle bambole
Luoghi al riparo
dove dopo cena
uno si stende sul divano
ascoltando la pioggia battente
sui vetri.

Luoghi
oltre il confine
con funzionari che contemplano
esseri umani avvicinarsi
nella neve ghiacciata
senza mai superarla e
congelare accovacciati
le ali piegate verso il basso
sperare
sperare
e perdere la speranza.

DIE DREI GÄRTEN

Unter dem Dach die unverheirateten
  Großtanten
Darunter in den Schlafzimmern die
  Flüchtlingsfamilien
Als die Kinder begannen
Den Kalk von den Wänden zu kratzten
Tauschte die Mutter meiner Mutter
Ihr Federbett gegen zehn Liter Milch

Drei Gärten wurden ihnen zugeteilt:
Einer im Schulwald für Kartoffeln
  und Kohl
Hinter dem Bahnwärterhäuschen
Wuchsen windgeschützt Tomaten
Auf dem jüdischen Friedhof
Zwischen zerschlagenen Grabsteinen
Zusammengewürfelt am Zaun
Wurzeln und Radieschen

I TRE GIARDINI

Le prozie non sposate
vivevano al piano superiore
e nelle camere da letto
le famiglie dei profughi
Quando i bambini
raschiavano la calce
dai muri e la mangiavano
la madre di mia madre
scambiava un piumino
con dieci litri di latte.

Venivano assegnati
tre giardini:
Nella foresta della scuola
crescevano patate e cavoli
dietro il casello ferroviario
al riparo dal vento i pomodori
nel cimitero ebraico
fra lapidi frantumate
gettate sul recinto,
crescevano
carote e ravanelli

Bella Ciao
Die Balkone des Landes
Singen vom Widerstand
Drohnen surren über die Häuser
Hundert Argusaugen
Suchen die Ansammlungen
Der Partisanenlehrlinge
porta mi via
Nimm mich mit
mi sento di morir
Ich fühl mich schon halbtot
Unsere Freiheit
Ein umgekrempelter
Latexhandschuh

Bella Ciao
I balconi cantano
la resistenza
i droni sopra le case
scrutano gli assembramenti
degli apprendisti partigiani
con i cento occhi di Argus
Portami via
che mi sento di morir
ora che la libertà
è un guanto di lattice
rovesciato.

Wie vergleicht man die Maßeinheiten
Von Jahren und Erinnerungen
Wenn Zeit sich aufstapelt wie
Ein Kartenspiel?
Was wissen wir über das Grau?
Ist es ein Verblassen
Oder die Summe aller Farben?

Come confrontare le unità
di misura fra anni e ricordi,
quando il tempo si accumula
come un mazzo di carte?
Cosa sappiamo del grigio?
É una dissolvenza
o la somma di tutti i colori?

Wolkenkratzertage
Ein Stock kopiert den
Vorherigen
In gläserner Spiegeltransparenz
Zeit flutscht wie
Fische im Wasser
Nur mit schrumpeligen
Fingern
Zu fangen

I giorni come i grattacieli
un piano copia
il precedente
nella trasparenza a specchio
questo tempo scivoloso
come i pesci nel fiume
lo catturi solo
quando le dita
si raggrinziscono.

Ihr kleiner Finger
Wie eine eingeklemmte Klaviertaste
Klappte nicht mehr zurück
War vererbt
Der Onkel hatte drei davon
Immer wenn er ihr die Hand gab
Drückte er besonders fest zu
Sie versuchte sich herauszuwinden
Wollte nicht klein beigeben
Wollte standhalten
Hat sein sadistisches Grinsen
Noch immer
Vor Augen

Il suo mignolo
era come un tasto
di pianoforte inceppato
non tornava più dritto
lo aveva ereditato
Lo zio ne aveva tre così
ogni volta che le prendeva
la mano aveva una stretta
particolarmente forte
lei cercava di divincolarsi
non voleva cedere
volevo resistere
il sorriso sadico dello zio
ancora oggi
è davanti ai suoi occhi

Ausgezeichnet
Du findest Schränke also praktisch
Dann vielleicht noch
Vorhänge Tapeten Polster
Nicht alles ist Innen-Architektur
In den Regalen verdichtet sich Komplexität
Zu einem harten Kern
Ohne
Fruchtmark

Eccellente
tu dunque trovi gli armadi pratici?
Allora forse anche le tendine
la carta da pareti e la tappezzeria?
Non tutto è architettura d'interni
sugli scaffali la complessità si addensa
e diventa nocciolo duro
privo di polpa

Mit eiserner Selbstdisziplin
Das Zimmer verwahrlosen lassen
Dann mit verhandelbarer
Selbstbeherrschung
Eine neue Ordnung zu schaffen
Breschen ins Häusermeer schlagen
Nach der Hausmann Methode
Regeln aufstellen für Höhe Farbe
Einteilung des eigenen Tuns
Die Situationisten wussten
Wovon sie sprachen:
Gewohnheiten disziplinieren
Statt von ihnen diszipliniert zu werden

Ci vuole una ferrea autodisciplina
per lasciare andare la stanza
in abbandono e un rilassato
autocontrollo per ricreare un nuovo
ordine
Sfondare il mare di case
seguendo il metodo di Hausmann
stabilire le regole
per il colore e l'altezza
classificare le proprie azioni
I situazionisti sapevano
di cosa stavano parlando:
disciplinare le abitudini
invece di essere disciplinati da loro.

Das leere Gabelbett der Schublade
Warum verzichte ich jetzt
Wo ich isoliert bin
Auf die Gabel
Die bereits den Römern bekannt war
Und schon in Byzanz verwendet wurde
Wissenshungrig
Erlebnishungrig
Nimmersatt
Esse ich Mischwesen mit den Händen
Warme Kuppen erfühlen
Konsistenz Temperatur
Berühren die Lippen
Speisen verbinden sich mit mir
Wie zwei Wangen
Beim Kuss

Il compartimento delle forchette
nel cassetto è vuoto
perché rinuncio proprio adesso
con tutto questo isolamento
alla forchetta?
Era già nota ai romani
e in uso a Bisanzio
affamata di conoscenza
affamata di esperienza
golosa
io ibrido
mangio con le mie mani
le punte calde delle dita sentono
la temperatura e la consistenza
toccano le mie labbra
sono connessa al cibo
come in un bacio.

Schönheit has to be killed
And recreated continuously

Zauberstab und Fleischwolf
Manschen statt zerhacken

Haushälterisch kreative
Grundbedingungen schaffen
Bedeutet auch
Sich gehen lassen – zwischenzeitlich

Wie feuchtes Holz
An abgelegener Stelle

Hager Nackt
Mit lehmverkrusteter Haut

In stiller Entrücktheit
Dem beiläufig Metaphysischen
Auflauern

La bellezza deve essere uccisa
e ricreata continuamente

il minipimer, il tritacarne
mescolano invece di triturare

creare condizioni creative
casalinghe di base
significa anche:
trascurarsi – per un certo periodo

come legno umido
in un luogo remoto

magra nuda
con la pelle incrostata
di argilla

aspettare nella quiete
l'estasi del metafisico
accidentale.

Kindheit unter tropfenden Blättern
Mit Löchern in den Gummistiefeln
Hütten aus Baumzweigen
Streunend waldnah

Wir waren Halbfreie

Das Sichhineinfühlen ins weiche Moos
Weit weg von unseren
Würfeligen Häusern auf
Viereckigen Rasenstücken

L'infanzia sotto foglie gocciolanti
buchi negli stivali di gomma
capanne sugli alberi
randagi nella foresta

eravamo semi-liberi

empatizzavamo con il morbido muschio
lontano dalle nostre
case cubiche contornate
da appezzamenti quadrati di prato.

Zettels Traum[*]
Endlich Zeit für
Die Setzkastenmanie
Schnipsel Mikrogramme
Zufallsvarianten
Erkenntnisse von anderen kombinieren
Wie Eiskristalle an Staubkörnern???
Macht jede Schneeflocke
Einzigartig

[*] Zettels Traum von Arno Schmidt ist das schwerste und
schwierigste Buch der deutschen Literatur. (1334 Seiten im
Format DIN A3)

Zettels Traum*
finalmente tempo per
le cianfrusaglie
i frammenti
i "microgrammi"
le varianti casuali
combinare le conoscenze
degli altri
come cristalli di ghiaccio
su granelli di polvere
far diventare ogni fiocco di neve
unico

* Zettels Traum, di Arno Schmidt è il più ponderoso e diffi-
cile libro della letteratura tedesca. (1334 pagine in formato
DIN A3)

Vergangenes und Anstehendes
Gehen ineinander
Ohne Tiefbohrung
Hetzen sie durch Minuten
Sind nicht sorgfältig
Im Umarmen
Der Zeit

Passato e futuro
entrano l'uno nell'altro
senza una perforazione profonda
scorrazziamo attraverso i minuti
distratti mentre
abbracciamo
il tempo

Sie sitzt zuhause
Häkelt Hundehaare zu Topflappen
Ist erpicht auf gleiche Farben

Wie einst Gandhi
Der webte nur in Weiß

Wenn bei Reihe fünf der Faden ausgeht
Wird ihre Welt plötzlich
Hellrosa dunkelrosa gestreift

Lei sta seduta in casa
fa delle presine a uncinetto
con i peli del cane
insiste sugli stessi colori

come faceva Gandhi anni fa
tesseva solo in bianco

quando alla quinta riga finisce
il suo filo
il suo mondo sarà a righe:
rosa chiaro rosa scuro

Links vom Tellerrand
Das multifunktionale Telefon
Wettervorhersage eingestellt
Rechts der tägliche Masterplan
Zum Abarbeiten
Ständig in temporal Insolvenz
Heute stellt sie
Den Teller auf die Liste
Holt aus dem Keller
Eine Flasche Wein
Wohnt mit Lust
Dem Schauspiel des Traubensafts bei
Wie eine verletzte
Blutblume
Sickert er
In den weißen
Tropfenfänger

A sinistra del piatto
il telefono multifunzionale
impostato sulle previsioni del tempo
sulla destra il piano generale giornaliero
da seguire punto per punto
costantemente in bancarotta temporale
Oggi lei posa
il piatto sulla lista
prende una bottiglia di vino
dal seminterrato
osserva con entusiasmo
il dramma del succo d'uva
che come
un Fiore di sangue
ferito
trasuda
nel bianco
del salvagocce

Wundreiben durch Unerledigtes
Festgefügtes Ritual
Verschlungensein der Dinge
Stämme verästeln
Äste verzweigen
Zweige teilen sich zu Trieben
Alles drängt zum Licht
Gleisfeld mit endlosen Weichen
Jakob* ist immer quer darüber gegangen
Mit festen Schuhen auf
Brombeerranken tretend
Als ströme Erkenntnis daraus
Ungenau
Allgemein
Mit dem Gefühl
Zu etwas Größerem
Gehören

* Protagonist des Buches *Vermutungen über Jakob* von Uwe Johnson, einem der wichtigsten deutschen Schriftsteller der Nachkriegszeit

Si sta male per le cose incompiute
i rituali fissi
gli intrecci scompigliati
I tronchi si dividono in rami
i rami in ramoscelli
i rametti in germogli
tutto spinge verso la luce
come una distesa di scambi di binari
Jakob* li attraversava sempre a piedi
con scarpe robuste
metteva i piedi sui rovi
come se da essi fluisse
un sapere
impreciso
generale
con la sensazione
di appartenere a qualcosa
di più grande

* Protagonista del libro Congetture su Jakob di Uwe John-
son, uno dei maggiori scrittori tedeschi del dopoguerra

Den Gräten
Des abendlichen Tellers
Zu entkommen
Springt sie entfesselt
Ins Netz
Der das Glück verheißenden
Klicks

Per non sentire il silenzio
delle spine di pesce
rimaste sul piatto dopo la cena
sobbalzo
mi scateno
come una lupa impazzita
salto nella rete
dei click promettenti

Tindern

Be my little quarantine
Das Gotteskind der Liebe
Einst dem Vater aus dem Schenkel
  geschnitten
Zeigt im Schaufenster seinen Körper
Leidenschaftslosen Passanten
Deren Begehren klebt auf smarten Schirmen
Eine Haut berühren riechen
Worte
Finger wie Scheibenwischer
Im Regen
Wischen über
Klitzekleines Glas
Endlich! Ein Prinz!
Lächelnd verführerisch – scroll
Kreativ klug – scroll
Fischaugen – swipe
Das Netz der Liebe
Lässt einen auch mit Loch im Tank
Weiterreisen.

Tindering
be my little Quarentine
il Dio bambino
nato da una coscia
offre la sua carne in ogni vetrina
agli spassionati passanti
con i loro desideri appiccicati
agli schermi dei cellulari
come un tergicristallo nel nubifragio
il dito pulisce la superficie
rincorrere una pelle da toccare
odori, parole
ecco! Il principe azzurro!
seducente, sorridente - scroll
creativo, intelligente - scroll
aperto, affidabile - scroll
onesto, comunicativo - scroll
occhi spenti - swipe
la rete dell'amore
fa viaggiare anche con il serbatoio bucato

Zeit dehnen
Wie die langen schwarzen Fasern
Des Winterregens
Auf den Fassaden.
Ein Auge auf Netflix
Das andere auf Instagram
Nachrichten Chat, PM, DM
Wie hell scheint doch der
Mond durchs Netz

Dilatare il tempo
come i lunghi filamenti neri
lasciati dalla pioggia invernale
sulle facciate della città
Un occhio su Netflix
l'altro su Instagram.
messaggi, chat, PM, DM
quanto risplende la luna retinata
attraverso la zanzariera sul mio letto!

Datenverkehr
Modelleisenbahn raus
Rechner rein
Die neuen Server
Materialisieren digitales Leben
In fensterlosen Hobbykellern
Mails Zahlungen Videokonferenzen
Kriechen geduckt durch muffige
  Räumlichkeiten
Verbrauchen Strom
Werden gekühlt
Abwärme verpufft
Im grauen Land
Wo Kohle
Geruchlos
Verbrennt

Traffico dati
fuori dalla cantina
il treno modellino
ora ci entra il computer
I nuovi server
materializzano la vita digitale
negli scantinati senza finestre
mail, pagamenti, videoconferenze
si infiltrano nelle stanze ammuffite
consumano l'elettricità
sono raffreddati
creano calore dispersivo
nella terra grigia
dove il carbone
continua a bruciare
senza odore

Betriebsamkeit in Aufgaben konvertieren
Inmitten vervielfältigter faltiger Vielfalt
Zwischen verstaubten Büchertürmen
Zusammengeknüllter Kommunikation
Fristen wollen
Solange sie – wie ideale Nebenliebhaber
Auf Distanz bleiben
Aus dem Nebenzimmer die
Warme Stimme Alexas
Erbarmungslos herumkommandiert
Zwitschert sie die heutigen Inzidenzzahlen,
Sie wird singen
Auch der Wetterbericht wird nicht fehlen
Trotz Unbeständigkeit
Ständiges Mitdenken
Bis hinein in die Ablaufrinne
Der Balkontür
Fragmentierung ohne Utopie
Wie lange kann man so überleben?

Essere efficiente
in mezzo a torri
di libri polverose
moltitudini spiegazzate
comunicazioni sgualcite
su minuscoli schermi
Voglio delle scadenze
a patto che - come amanti ideali
stiano a giusta distanza

Dalla cucina mi giunge
la voce calda di Alexa
cinguctterà i numeri dei ricoverati di oggi
canta e non fa mancare
le previsioni del tempo
pensieri fissi nell'incostanza
fin dentro il canale di scolo
della porta del mio balcone
Frammentazione senza utopia
quanto possiamo sopravvivere così?

Auf dem Berggipfel
Wege voller Sand!
Urzeitmeer im Gestein
In feuchten Mulden Acker-Schachtelhalm

Im Krieg gesammelt
Säckeweise zur Abnahmestelle
    geschleppt
Für einen Kanten Brot

Seine segmentierten Sprossachsen
Eine in die nächste gesteckt
Hohle Zeitentiefen voller
Lallwörter aus dem Urbewusstsein
Wie auch meine Angst

Von rieselnden Endorphinen des
    Hypothalamus gesteuert
Bügelt Schweiß
Körperliche und seelische
    Unebenheiten aus

Qui in cima alla montagna
sentieri pieni di sabbia!
Il mare primordiale
impresso nelle rocce
nelle cavità umide
l'Equisetum

durante la guerra raccolto e
trascinati in sacchi
al punto di consegna
per una crosta di pane

i nodi dello stelo cavo
scivolano uno nell'altro
come il tempo che si accumula
attraverso i secoli
Le parole balbettanti della
coscienza preistorica
includono anche la mia paura
e l'ipotalamo con le sue endorfine
    gocciolanti
stiratura umida
delle pieghe fisiche e mentali
come i temporali

Gewittern gleich die fortwährend
Den Sand von hier oben
Ins Meer zurück spülen

che continuano a dilavare
la sabbia da qui
verso il mare.

Das Verharren
Ein überdehntes Dornenkleid
Kein Büßerhemd mit Kamelhaaren
Keine Krone
Blaulicht und Sirenen
Zucken im Takt
Hartnäckig der Frühling
Draußen vor dem Fenster
Saugt es wie eine Melkmaschine
Die tut als wäre
Sie ein Kalb

L'attesa si tende
come un vestito di spine
non camicia da penitente
con peli di cammello
nessuna corona
luci blu e sirene
a contrazioni ritmiche
e la caparbia primavera
lì fuori dalla finestra
succhia smaniosamente
come una macchina mungitrice
che pretende di essere un vitello

Das Versprechen der Pappelsamen
Schwerelos schwirren
Kleine-Hände kleine Füße
Durch die Frühlingsluft
Surren:
Ver-, ver-, verlernen
Vergiss Namen
Formen
Düfte
Farben
Töne
Was immer du weißt
Vergiss es
Von vorne beginnen
Auf allen vieren
Frische Samenseide zusammenhaken
Für ein neues Kleid

La promessa dei semi di pioppo
sono senza peso
le piccole mani e piedi
nell'aria primaverile
balbettando:
dis-, dis-, disimparare
dimentica tutto quello che sai
dimentica i nomi
le forme
i colori,
i profumi
i suoni
dimentica tutto quello che sai
riparti da terra:
gattonando a quattro zampe
raccogli i semi freschi
per fare un nuovo vestito

Komorebi*
Stolz steht der Löwenzahn
Auf Verkehrsinseln
Inmitten lärmender
Transitzonen

Ich begegne ihm
In der Hocke
Auf Augenhöhe von Hunden
Strahlenbüschel sickern durch
Weiche Stiele aus Seidenpapier
Flackerndes Licht- und Schattenspiel
Eines Wunderwaldes
Dünn und leicht
Fast durchsichtig
Die Sphären strahlender Samen
Prall gefüllte unendliche Möglichkeiten
Ein Windhauch reicht aus
Für neues Leben
In den Ritzen des Alltags.
Das ist mein Komorebi
Glücksdroge japanischer Herkunft

* Komorebi ist das japanische Wort für Sonnenlicht, das
durch die Blätter der Bäume gefiltert wird.

Komorebi*

Orgogliosi stanno in piedi
i denti di leone
sulle isole spartitraffico
in zone rumorose
di frenetico transito
Li incontro accovacciandomi
al livello visivo dei cani
grappoli di raggi filtrano
tra gambi morbidi di carta velina
tutto fluttua come il fogliame
nel gioco luce-ombra
di una foresta magica
tanto sottile e leggera
quasi trasparente
Sfere di semi radianti
ricche di infinite possibilità
basta un soffio di vento
per una vita nuova
nelle crepe del quotidiano
Questo è il mio Komorebi
droga della felicità giapponese

* Komorebi, parola giapponese per la luce solare che filtra
traverso le foglie degli alberi

Frei verfügbar
An jeder Straßenecke
Zu jeder Stunde.

la trovo ad ogni angolo di strada
a qualsiasi ora

Auch dieses Jahr steigen
Die Hirschkäfer wieder
In die Bäume
Für ihre spektakulären
Liebesluftfahrten
Schicken ihre SMS
Über die Grenzen
Fast wären sie hängengeblieben
Am Stacheldraht
Der Trutzburg

Anche quest'anno
i cervi volanti salgono
sugli alberi
per il loro spettacolare
volo d'amore
Inviano i loro SMS
oltre i confini
e per un pelo non
si incastrano
nel filo spinato
della roccaforte

Im eigenen mentalem Merzbau*
Ist nur Verlass auf Fingernägel
Sie wachsen beständig
Selbstbewusst
Wie der Traumvogel
Der das Ei der Erfahrung ausbrütet

Jedes Gedicht eine schwere Geburt?
Die Flut von Worten
Zweisprachig vermischt will ans Licht
Jemand schreit: spingi spingi spingi
Du drückst so stark es geht –
Aber sie bleiben stecken

Auf den gynäkologischen Stuhl geschnürt
Mit geöffneten Beinen in der
   Austreibungsphase
Hörst du Skalpelle klingen
Ein sauberer Schnitt in voller Stärke
Rücksichtslos durch wichtige Strukturen
Aus reiner Zeitersparnis

* Merzbau, raumfüllendes Kunstwerk von Kurt Schwitters,
das er von 1923 bis 1944 in seiner Wohnung in Hannover er-
richtete.

Nel mio Merzbau* mentale
si può solo contare sulle unghie
crescono fiduciose in silenzio
come l'uccello sognatore
che cova l'uovo dell'esperienza

ogni poesia, un parto difficile?
Una caterva di parole
si impasta in due lingue
vuole uscire
qualcuno urla: spingi spingi spingi
e tu spingi - ma rimangono incagliate

mentre ti incastrano sulla sedia ginecologica
con le gambe spalancate in fase espulsiva
ecco il bisturi
un taglio netto a tutto spessore
recide strutture importanti
per mero risparmio di tempo

* Merzbau, installazione fatto da Kurt Schwitters tra il 1923 e
il 1944, nella sua casa ad Hannover

Schon drückt sich
Etwas Unförmiges
Mit weißen Schlieren überzogen
Mit Fruchtwasser und Blut verquirlt
Aus mir heraus
Aufs Papier

prima la testa poi il corpo
in camicia bianca
di vernice caseosa
mescolato alle acque e sangue
balzano fuori da me e cadono sulla carta

Die Kräfte gebündelt
Auf das Verlangen des Augenblicks
Im Rausch des Zugreifens
Auf den letzten hundert Metern
Betäubt vom Modergeruch unter den Steinen
Lachtrunkenheit
Später dann
Milde Entspannung
Glücklich wer hofft
Dass es ewig so weitergeht

Tutte le forze concentrate
sulla richiesta del momento
nell'ebbrezza della creazione
per gli ultimi cento metri,
stordita dall'odore umido
sotto le pietre
rido a crepapelle
poi la leggerezza
rilassante e felice
di chi spera
che vada avanti così
per sempre

Aufbruchsstimmung
Der Sommer aus Plexiglas
Vor der Tür
Bei dem Gedanken das versiegelte
Schutzzelt zu verlassen
Zittert er wie ein
Zusammengerollter Pinscher
In einer Kapuze
Während die anderen losziehen
Bleibt er als helles Rechteck
Eines abgehängten Bildes
Auf der Tapete
Zurück

Uscire dalla tenda protettiva
di vita sigillata
lo fa tremare
come un pincher
raggomitolato dentro il
cappuccio di un capotto

e mentre gli altri preparano
l'antica transumanza
verso un'estate al plexiglass
lui si sente come quel rettangolo chiaro
lasciato da un quadro staccato
dal muro

UNTER DEM PFLASTER LIEGT DER STRAND

Geschraubt
Gebohrt
Gezimmert
Holzböden
Verlegt
Stühle Tische Pflanzen
Besetzen die Straße
Zum Plausch
Vor bittersüßem Destillat
In lauer Sommerluft
Feiert die Stadt ihr Stündchen
Vor der Ausgangssperre.
Südwind ein Gemütszustand
Keine Revolution

SOUS LES PAVES, LA PLAGE!

Stanno tagliando le assi
trapano, avvitano
costruiscono delle pedane
ci trasferiscono
sedie, tavoli, piante

occupano la strada
per le chiacchiere
davanti al distillato agrodolce
nella mite aria estiva
la città festeggia la sua ora
prima del coprifuoco
vento del sud uno stato d'animo
senza rivoluzione

Bannkreise auf Bahnsteigen
Fußlange Durchmesser
Beinlanger Abstand

Choreografie des Stillstands
An Orten
Voller Bewegung

Figuren eines Brettspiels
Stehen die Zeit leer
Im Neid auf Zugvögel:

Die – plötzlich versammelt
Gemeinsam abheben
Und genau wissen
Wo sie hinfliegen

I cerchi di distanziamento
sulle piattaforme hanno
il diametro del piede
e la distanza della gamba

coreografia dell'immobilità
in posti pieni di movimento

siamo figure di un gioco da tavolo
che aspettano che si svuoti il tempo
invidiosi degli uccelli migratori:

loro - all 'improvviso si raccolgono
partono insieme
e sanno esattamente
verso dove voleranno

Wie war es früher?
Menschen husten, niesen
Ohne Schuldgefühle
Hemmungslos ziehen Geschäftsleute
Ihre Krawatten herunter
Öffnen verschwitzte Hemden
Trinken Wasser aus der Flasche
Saris um voluminösen Körper gewickelt
Fegen über den Boden
Bleiben im Korridor stecken
Berühren mein Gesicht ...
Schönheit fremder Menschen
So nahe
Im letzten Sommer als wir
Die Stelzen unserer Pfahlbauten
Abmontierten
Um sie für ein paar Wochen
Am Meer in Flöße
Zu verwandeln

Come era una volta?
Seduta in mezzo a gente che
tossisce
starnutisce
nessun senso di colpa
uomini d'affari
si staccano la cravatta
aprono la camicia sudata
bevono l'acqua a canna
sari coloratissimi
su corpi voluminosi
strusciano in terra
si incastrano nel corridoio
mi sfiorano la faccia…
la bellezza degli altri così vicina
che felicità in quel treno ultraveloce
l'estate scorsa quando
toglievamo per qualche settimana
i pali dalle nostre palafitte
per trasformarli in zattere
di mare

Die schwäbische Hausfrau
Hat uns verlassen
Völlig unerwartet
In der Pandemie
Schien noch bis gestern vor Kraft zu strotzen
Schleuderte schwarze Nullen
Mit moralischen Grundsätzen herum
Gutmütigkeit kommt vor der Liederlichkeit
seht Griechen und Italiener
Nun ist Ruhe
Lasst uns wieder lose Sachen
In den Hosentaschen tragen
An großherzige Träume glauben
Geben und nicht fordern
Bis zum Sankt-Nimmerleins-Tag

La casalinga sveva
ci ha lasciata
inaspettatamente
durante la pandemia
fino a ieri sembrava scoppiare di salute
Lanciava in giro gli zeri rotondi
e i suoi principi morali:
La gentilezza viene prima della sciatteria
Guardate greci e italiani
ora siamo tranquilli
possiamo di nuovo portare gli spiccioli
sparsi nelle tasche dei pantaloni
e credere nei grandi sogni:
Dare e non pretendere
fino alla fine dei nostri giorni

Empathie
Ein langer Weg
Lucy ist tot
Stürzte zwölf Meter tief von einem Baum
Am Anfang unserer Geschichte
Wir reckten uns auf
Überzeugt
Besondere Wesen zu sein
Zwischen Tieren und Engeln
Doch unsere Herzen sind ein
Lärmiger Wochenmarkt
Unsere Kinder haben die Hände voller Gräser
Zertreten Spinnen und Ameisen
Belauern sich mit Stöcken und Steinen
Als starke Männer
Überspringen sie diplomatische Protokolle
Ihre Grammatik:
agiere, bevor der Gegner es tut
und versorge die Welt
mit einem Tweet.

Empatia
una lunga strada
Lucy è morta
caduta da un albero di dodici metri
all'inizio della nostra storia
e noi ci siamo raddrizzati
credendoci esseri razionali, spirituali
con un posto speciale
tra gli angeli e gli animali
eppure
i nostri cuori sono un mercato rionale
i bambini hanno le mani piene di erbette
strappate
schiacciano ragni e formiche
si rincorrono con sassi e bastoni
e da uomini forti
saltano le procedure diplomatiche
la grammatica dello scontro:
Agire prima dell'avversario
e notificarlo con un tweet.

ANUBIS

Jetzt sieht man wieder
Wie alte Männer Kotbeutel in den Händen
halten
Verliebt in ihre kleinen Köter
Pfoten Füße Körper
Ampelhaft synchronisiert
Schleichen gemeinsam ins Nachtbett
Weicher Plüsch zwischen haarigen Beinen
Ihre Herzen leicht
Wie eine Feder auf dem Weg
Ins Paradies

ANUBIS

Ora sono tornati in strada
quegli uomini
con i sacchettini di escrementi in mano
tutt'uno con il loro cane
zampe piedi corpi
sincronizzati come i semafori
uno lo specchio dell'altro
intrufolati nel letto notturno
morbidi peluche
tra gambe pelose
i loro cuori leggeri
come una piuma
sulla strada del paradiso

MAILÄNDER KAISERSEMMEL MICHETTA

An den Fassaden meiner Stadt
Sprießen Pflanzen und Engel aus Zement
Handläufe zeichnen Schatten
Von Blumenmotiven auf die Stufen
Die Straßenbahn haben Kronen
Die kleinen adrett gekleideten Hunde
Werden bei Regen unter
Schirmen getragen
Ein selbstzufrieden gesättigter Ort
Das Brot indes ist hohl
Was bleibt ist harte Kruste
Einer ehemaligen Kaisersemmel
Und Menschen
In endloser Reihe
An den Ausgabestellen

LA MICHETTA, KAISERSEMMEL

Sulle facciate delle case nella mia città
crescono piante e angeli in cemento
i corrimani disegnano ombre
di campi floreali sui gradini
qui il tram porta una corona in testa
i cagnolini sono vestiti
e quando piove vengono portati
in braccio sotto l'ombrello.
Un posto pieno di sazietà
come dopo un grande piacere
Il pane però è leggero
svuotato da dentro con dimestichezza
duro guscio di tartaruga
e le persone
al freddo in una lunga fila
per un piatto di minestra.

Schüler wie Flaschen
Auf einem Bild von Morandi*
Distanziert
Maskiert
Desinfiziert
Schneiden mit abgerundeten Scheren
Die Herbstdekorationen:
Eine endlose Reihe
Papierkinder
Halten sich
An den Händen

* Giorgio Morandi 1890-1964 war ein italienischer Maler, der
vor allem für seine Stillleben zu weltweiter Anerkennung
gelangte.

Igienizzati,
distanziati,
imbottigliati
come in un quadro di Morandi
gli scolari ritagliano
le decorazioni autunnali:
una fila di bambini carta
si tengono per mano

In klarer Herbstluft
Schwärme von Staren
Dichte Wolken im Abflug
Erstaunlich koordiniert
Keiner berührt den anderen
Wenn – würden sie abstürzen
Ihr Gemeinschaftsgefühl
Klug und überlebenswichtig

Nel cielo autunnale
stormi di storni in volo
nubi fitte in partenza con
sorprendenti evoluzioni acrobatiche
nessuno tocca l'altro
si schianterebbero
il loro sentire comune
necessario alla sopravvivenza

PINO PINELLI*

Der anarchistische Eisenbahner
Starb zweimal
Mord und Verleumdung
Gefaltet und gebügelt
Die offizielle Wahrheit
Im doppelten Boden des Handkoffers
Auf blutigen Fetzen des Staatsterrors
Das Erinnern eine Drehtür
Jahrzehntelang zwischen zwei Fächern
Vor sich hergeschoben

* Giuseppe Pinelli (1928-1969) war ein italienischer Anar-
chist und Partisan, der nach dem Massaker auf der Piazza
Fontana verhaftet wurde und während des Verhörs von der
Polizei aus dem Fenster gestoßen wurde. Er gilt als das 18.
Opfer des Massakers auf der Piazza Fontana.

DEBITO SOVRANO DI VERITÀ

dedicata a Pino Pinelli

La doppia morte
per uccisione e menzogne
dell'amico anarchico ferroviere
è come una porta girevole
che trascina la memoria
fra due compartimenti

lo Stato una grossa valigia:
dentro stirate ben piegate
le pubbliche virtù e verità mutevoli
nel doppiofondo
brandelli sanguinanti

Advent

Feinsinnige Beziehung
Zwischen ausgestanztem Teig
Und Sternchen

Feinsinnige Beziehung

L'avvento

Che relazione sottile
tra la pasta fustellata
e le stelle!

Weihnachten Jahr für Jahr
Aufspülen des Urschlamms
Frühester Kindheit
Menschen
Freiwillig gezwungen sich
Miteinander auseinander
Zu setzen
Zum Überfressen
Oder
Verharren im Schweigen

Natale
anno dopo anno
risciacquano il fango
della prima infanzia
Volontariamente
si impongono
l'uno all'altro
mangiano troppo
o stanno in silenzio

DIE O-KLASSE

Ein Volk in Afrika
Setzt ein O
Vor jedes wertvolle
Ding
Mit Gummizugfalten
Um die Mundpartie
Will auch ich meine Welt
In die O-Klasse erheben

Ein Volk in Afrika

LA CLASSE DEGLI O

Un popolo in Africa
mette una O
prima di ogni cosa preziosa
anche con le rughe
della marionetta
intorno alla bocca
voglio alzare
il mio mondo
alla classe della O

Zwischen den Fingern
Versteckt sich das Glück
Windet sich um
Nichtigkeiten
Presst sie zu
Wichtigkeiten
Lacht bis
In die Nacht

La mia fortuna
si nasconde tra
le pieghe delle dita
stringe
preme
pressa
l'irrilevante
finché
diventa importante
e ride fino
a notte fonda.

NACHWORT

Die Gedichte von Antje Stehn sind ein Beweis der höchsten Form ihrer Sprache, ihrer Wandlungsfähigkeit, der Poesie lebendige Spuren zu verleihen. Der Genuss kann nicht immer mühelos gewonnen werden. Antje baut ihre Gedichte auf vergangenen auf, antwortet, wandelt sich ab, begegnet veränderten Einsichten mit neuen Formen. Und das macht Arbeit.

Die lyrische Interpretation von Antje Stehn weckt und schärft beim Leser sein Gefühl für Töne, Farben, Bilder und Bedeutungen. Sie beherrscht in hohem Maße die Lebendigkeit ihrer Sprache, jongliert mit Wörtern von einer Zeile in die nächsten, sie zu einem Gedicht auf.

EPILOGO

> *La bellezza redimerà il mondo*
> *l'umanità si salva solo attraverso la poesia.*
> *Probabilmente è troppo tardi per il mondo*
> *ma per l'individuo c'è ancora una possibilità*

> F. M. Dostojewski

Le poesie di Antje Stehn sono la prova della forma più alta del linguaggio, della sua versatilità, del dare tracce vive alla poesia. Il piacere deve essere conquistato, non senza sforzo.

Antje costruisce le sue poesie su quelle passate, le mette in relazione, cambia direzione, fa incontrare intuizioni mutate con nuove forme. E questo richiede lavoro.

L'interpretazione lirica di Antje Stehn risveglia e acuisce la sensibilità del lettore per toni, colori, immagini e significati. Lei domina abilmente la vivacità del suo linguaggio, fa ballare le parole fra una riga e l'altra, tessendo una poesia.

Sie beobachtet mit allen fünf Sinnen und nimmt ihre Arbeit sehr ernst.

Der lyrische Inhalt der Gedichte von Antje Stehn beweist es, wie wachsam ein Poet sein kann und sein muss.

Emina Čabaravdić-Kamber

Osserva con tutti e cinque i sensi e prende molto sul serio il suo lavoro. Il contenuto lirico delle poesie di Antje Stehn dimostra quanto un poeta possa e debba essere vigile.

Emina Čabaravdić-Kamber

BIOGRAFIEN

Antje Stehn
Lyrikerin, freischaffende Künstlerin, Kuratorin von Ausstellungen. Organisatorin des internationalen Kunst-Poesie Projekts *Rucksack a Global Poetry Patchwork*, Mitgründerin des internationalen Kollektivs *PoetryismyPassion*, Herausgeberin der Kolumne: *Mailand, eine Stadt der tausend Sprachen* im Buchmagazin TamTamBumBum, Vorstandsmitglied des Piccolo Museo della Poesia, Chiesa San Cristoforo in Piacenza, Mitherausgeberin des südamerikanischen Poesie-Blogs los Ablucionistas und des Online-Magazin Teerandaz in Bangladesch. Mitglied im P.E.N. Zentrum für deutschsprachige Autoren im Ausland. Ihre Gedichte wurden auf Italienisch, Englisch, Spanisch, Französisch, Polnisch, Chinesisch, Bengalisch und Mazedonisch übersetzt. Sie hat an zahlreichen Festivals teilgenommen, darunter Festival Internacional de Poesía Ignacio Rodríguez Galván / Mexiko, Silk Road International Poetry Festival / China, Karamanov Festival / Rep. Nord- Mazedonien.

Antje Stehn

Nasce in Germania, poeta, artista visiva, curatrice di mostre, ideatrice del progetto artistico, poetico internazionale *"Rucksack a Global Poetry Patchwork"*. Fa parte del collettivo poetico internazionale PoetryismyPassion e del direttivo del Piccolo Museo della Poesia, San Cristoforo di Piacenza, è co-editrice del librorivista TamTamBumBum, e del blog di poesia sudamericano los Ablucionistas e di Teerandaz del Bangladesh ed è membro del P.E.N. tedesco Zentrum für deutschsprachige Autoren im Ausland. Le sue poesie sono state tradotte in inglese, spagnolo, francese, polacco, cinese, bengalese e macedone, lei ha partecipato a numerosi Festival, tra cui Festival Internacional de Poesía Ignacio Rodríguez Galván / Messico, Silk Road International Poetry Festival /Cina, Karamanov Festival/Rep.Macedonia del Nord.

Francesco Correggia,
lebt und arbeitet in Mailand als freischaffender
Künstler, Theoretiker und Schriftsteller. Er war
Dozent an der Brera Academy of Fine Arts in Mai-
land, wo er das Contemporary Research Center
(CRAB) kuratierte. Er hat zahlreiche Bücher über
das Denken in der Kunst geschrieben und auf
zwei Biennalen in Venedig, im Museo della Per-
manente, im Palazzo Reale in Mailand ausgestellt.
Derzeit ist er Lehrer für Malerei an der Akademie
der Schönen Künste in Cuneo. Er arbeitet mit dem
Verlag Prearo zusammen.

Guido Oldani,
Gründer des Realismo Terminale, wurde 1947 in
Melegnano (Mailand) geboren. Er ist eine der in-
ternational bekanntesten poetischen Stimmen Ita-
liens. Er schrieb die *Stilnostro-Sammlungen* (CENS
1985), mit einem Vorwort von Giovanni Raboni,
Sapone (Kamen 2001), *La betoniera* (LietoColle
2005), *Il cielo di lardo* (Mursia 2008), *Il Realismo Ter-
minale* (Mursia 2010) und *La guancia sull'asfalto*
(Mursia 2018).

Francesco Correggia

vive e lavora a Milano, artista, teorico e scrittore. È stato docente all'Accademia di Belle arti di Brera Milano dove ha curato il Centro di ricerca sul contemporaneo (CRAB). Ha scritto numerosi libri sul pensiero dell'arte. Ha esposto a due Biennali di Venezia, al Museo della Permanente, a Palazzo Reale a Milano e a mostre e rassegne internazionali. Attualmente è docente di pittura all'Accademia di belle arti di Cuneo. Collabora con la casa editrice Prearo.

Guido Oldani

ideatore del Realismo Terminale, è nato nel 1947 a Melegnano (Milano), dove vive. È attualmente una delle voci poetiche internazionali più riconoscibili. Ha pubblicato le raccolte *Stilnostro* (CENS 1985), introdotta da Giovanni Raboni, *Sapone* («Kamen» 2001), *La betoniera* (LietoColle 2005), *Il cielo di lardo* (Mursia 2008), *Il Realismo Terminale* (Mursia 2010) e *La guancia sull'asfalto* (Mursia 2018).

Emina Čabaravdić-Kamber,
geboren in Kakanj, Bosnien-Herzegowina, lebt seit 1968 in Hamburg. Sie ist freie Autorin, Malerin, Lehrerin für Exilliteratur und Kunst in Hamburg, Lübeck, Münster und Bosnien. Sie ist Mitglied im Deutschen Schriftstellerverband, P.E.N. und im Exil P.E.N. (Deutschsprachige Autoren im Ausland). 1988 gründete sie den International Literary Club La Bohemina. Sie erhielt mehrere Literaturpreise und wurde 1996 mit der Verdienstmedaille des Verdienstordens der Bundesrepublik Deutschland für ihr literarisches Werk zum Thema Frieden und Kriegsbeendigung in Bosnien und Herzegowina ausgezeichnet.

Emina Čabaravdić-Kamber
nata a Kakanj, Bosnia-Erzegovina, vive ad Amburgo dal 1968. È scrittrice, pittrice, insegnante di letteratura e arte dell'esilio ad Amburgo, Lubecca, Münster e Bosnia. È membro dell'Unione degli scrittori tedeschi, P.E.N. e del Exil P.E.N. (Autori di lingua tedesca all'estero). Nel 1988 ha fondato il Club Letterario Internazionale La Bohemina. Ha ricevuto numerosi premi letterari e nel 1996 è stata insignita della Medaglia dell'Ordine al Merito della Repubblica Federale di Germania per il suo lavoro letterario sulla pace e la fine della guerra in Bosnia ed Erzegovina.